JN438593

028
다시올시선

안개는 부레가 없다

최명심

028
다시올시선

안개는 부레가 없다

최명심

다시올

시인의 말

언니가 세상을 떠난 후
처음으로 슬픔을 알았다
산으로 강으로 달려가
쌓이는 슬픔을 쏟아버려도
다시 돋는 그 슬픔의 날개를
접지 못해
나는 내 밖으로 날아갔다

다시 돌아온 자리에
마지막 슬픔을 쏟는다

이젠
시詩가 마지막 그리움이 되었다

2018. 11.

최명심

■차례■

1부 안개는 부레가 없다

2부 소리의 문

■ 차례 ■

3부 수하리의 봄

4부 무릉계곡

작품해설

1부
안개는 부레가 없다

매미

골목 느티나무가 운다

저 안에 얼마나 많은 목청이 저장되어 있을까
제 몫을 다 토해내야 여름은 갈 것이다

밤낮으로 퍼내도 끝이 없는 소리
느티나무의 울음도 말복이 지나자 말라간다

그늘아래 툭, 떨어진
매미 한 마리

계절을 다 퍼내고 빈 통만 남은 몸
발끝으로 건드려도 미동도 없다

짧은 삶을 살다간 거리의 악사
저 몸에는 얼마나 또 다른 목소리가 담겨야 할까

그의 연주를 들으려면 또 한해를 기다려야 한다

겨울새

자작나무 가지에 얼어붙은
새 발자국

지난가을 떠난
철새의 빈 둥지 하나
하얀 눈에 덮여간다

자작나무 언덕에
한나절 눈발이 지나가고
겨울 숲은 발이 시리다

해가 져도 숲은 어두워지지 않고
둥지에 깃들지 못한 새 한 마리
이 가지 저 가지 날아다니며
숲을 깨우고 있다

그네

소래산 숲속 작은 교회
달개비 가득한 모래밭 낡은 밧줄에
그네가 묶여있다

모래밭에 반쯤 몸을 묻은
폐타이어 빈속을 바람이 들락거리고
새들이 날아와 부딪치던 종탑에
담쟁이 넝쿨이 타고 오른다

하늘로 날아오르듯 그네를 탔던
아이들은 모두 어디로 갔을까

"무궁화 꽃이 피었습니다"
술래도 간곳없고 돌아보니
모래 위에 새들의 발자국만 어지럽다

딱새가 풀숲 벌레를 찾는 사이
바람이 모래밭을 훑고 지나가는 사이
달개비 꽃 홀로 그네를 탄다

교회 종소리는 멈추었지만
첨탑 옆 산벚나무
하얀 꽃잎이 떨어지고 있다

전등사

연등마다 오징어 발처럼 달린 이름표들이
바람에 흔들리는데 어젯밤부터
내리기 시작한 눈이 그치지 않는다

소나무 숲 아래 가려진 갈참나무
가지마다 시커멓게 파인 옹이가 깊다

딱따구리의 구새통은 박새에게 내어주고
허리가 굽은 갈참나무
오가는 사람들에게 무엇을 말하려고
저렇게 허리를 꺾고 있는 것일까

한낮이 지나도록 눈은 그치지 않는데
대웅전 지붕을 떠받치고 있는 나부裸婦처럼
둥지 하나 짓지 못한 쑥새 한 마리
마른 울음이 바람을 붙잡고
날갯죽지 아래 부리를 묻는다

갈참나무 옹이마다 다시 저녁이 오고
오징어 발처럼 제각기 다른 기도를 매단 연등
하나둘 불이 켜지기 시작한다

새벽

밤새도록 자욱하게 내린 안개

부천 남부역 인력시장
페인트가 벗겨진 골목마다
담뱃진과 지린내가 가득하다
찌그러진 드럼통을 끼고 앉은 사내 몇
뼈마디마다 굳은살이 딱지로 앉은 손을
화톳불에 비비고 있다

새벽이 골목 어둠까지 밀어내는 시간
하루 치 일거리를 구하지 못하고
돌아서 가는 사내의 구부정한 어깨
안개에 축축하게 젖어있다

밤새 야근하고 퇴근하는 사람들
길이 수런거리고 건물이 수런거리고

아침은 저들 속에서
또 어디로 흘러갈까

민들레

늦은 봄바람에 떠밀려 옥탑방까지 이사 왔다
차고 단단한 시멘트 바닥에 뿌리내리지 못하고
거리를 수없이 떠돌다 비로소 짐을 푼 곳

5층 옥탑방이 얼마나 까마득했던지
세상의 높이를 너무 빨리 알아버렸다

턱없이 오르는 집세에 밀려 떠돈 지 십 년
떨어져 사는 가족 함께 모여 살날은 언제일까

풀어놓지 못한 짐은 늘 상자 안에 갇혀있고
옥탑방 옷걸이에 걸린
때 절은 작업복만 햇살에 말리고 있다

유난히 추웠던 지난겨울을 온몸으로 견디고
옥탑방 난간에 몸을 푼 민들레 꽃씨 하나
눈부신 햇살에 노란 꽃잎 반짝이는데

대문 켠에서 낯선 옥탑방을 올려다보며
컹컹 짖어대는 주인집 강아지가 사납다

때가 되면 바람 타고 날아갈 하얀 민들레꽃씨
옥탑방과 세상의 거리는 너무 먼데

흙 묻은 옷을 갈아입지도 못하고
쓰러지듯 방바닥에 엎드린 민들레

오늘 밤 꿈엔 또 어느 곳으로 날아갈까

매달리다

13층 빌딩 통유리 창 벽에 매달려
외줄에 묶인 채 물통을 옆구리에 찬
맥고모자 사내
유리 벽에 반사된 아침 햇살 등에 지고
외벽의 얼룩을 지우고 있다

13층 유리창 하나를 사이에 둔 그와 나
꿈은 모두 높은 곳에 있는 것일까

허공에 뜬 발밑이 허방이어도
그가 가족의 생계를 생각하며
거미처럼 외줄에 매달려
창틀과 창틀 사이를 건널 때마다
나도 얼음처럼 싸늘해진 사무실 구석에 웅크려
고소공포증에 시달리고 있다

그도 나도 더 날아오를 하늘도 없이
벼랑 끝에 매달린 순간이 불안하게 흔들리는 아침

꿈은 허공에 매달린 채
또 하루를 건너간다

막차

대장동 버스 종점에 막차가 도착했다
버스 안에서 '타이스의 명상곡' 이
끊어질 듯 가릉 거리던 라디오도 꺼지고
마지막 사내가 내린 낡은 의자엔
찌든 땀 냄새만 얼룩으로 남았다

자욱한 안개에 휩싸인 88번 버스 종점
정비실과 차고의 불마저 꺼졌다
짙은 어둠 속에서 어깨를 심하게 흔들며
비틀거리는 사내, 담뱃불을 붙인다
별빛조차 없는 어둠 속 담배 연기 길게 뿜을 때마다
멀리 개 짖는 소리가 요란하다
딱딱하게 굳어버린 사내의 귓가에
끈적거리며 달라붙던 '타이스의 명상곡'

찬바람이 정수리를 치는데
안개 자욱이 잠긴 가로등에 기댄 사내
집으로 가는 길을 잃어버렸다

응급실

순천향병원 정문 앞 소나무 다섯 그루
일제히 링거를 맞고 서 있다

응급실 입구 차단기를 넘어오는 구급차
머리를 다친 아이가
황급히 이동 침대에 옮겨진다

황톳빛 얼굴로 뒤를 따라온 할머니
살집이라곤 찾아볼 수 없이 삐쩍 말랐다
상자와 빈 병을 주워 팔아 키운 손주라며
살려달라고 젊은 의사에게 매달리는 입술
까맣게 타고 있다

맞은편 침대에 강아지 혓바닥처럼
속옷이 삐져나온 여자 사시나무 떨듯 떠는
할머니 어깨를 바라보며 아픈 배를 움켜쥔 채
입술을 꽉 물고 통증을 참고 있다

링거를 꽂고 있는 소나무처럼
죽음과 한 호흡의 목숨 사이 고통스러운
몸짓으로 표정이 변해가는 응급실
크레솔 냄새가 역하다

아이의 몸에 어지럽게 꽂힌 링거줄을 들추며
손주 얼굴을 닦는 할머니
금방이라도 쓰러질 듯하면서도
손주를 살려달라는 목소리 귓가에 쟁쟁한데

만화방창 4월
병원 담벼락에 황매화만
혼자 흐드러지고 있다

옷 봉에 매달리다

세탁소 옷 봉에도 서열이 있다

번호표를 달고 출입문 가까이 있는 옷 봉에는
와이셔츠, 원피스, 철 지난 잠바
주인을 기다린다

세탁을 맡긴 사람이 찾아가는 순서에 따라
자리다툼이 치열하다
옷 봉에 걸린 지 사나흘 지나면 또 위치가 바뀐다
시간이 지난 것은 늘 구석으로 밀리고
새로 들어온 것은 바람이 잘 통하는 입구를 차지한다
스팀다리미가 내뿜는 뜨거운 증기, 습한 공기는
비닐 커버 안에서 가끔 물방울이 되기도 한다

내다 걸린 옷가지가 서로를 밀쳐내도
끈끈하게 달라붙는 천장 구석
켜켜이 쌓인 먼지
고리 달린 장대가 몸을 스칠 때마다 바짝 긴장한다

여전히 쏟아져 들어오는 옷가지들
세탁소 출입문에 달린 풍경이 울릴 때마다

일제히 문 쪽으로 쏠린 시선들
혹시나 하고 주인을 기다리다
세탁물을 맡기고 돌아서는 모습에
옷 봉에 매달린 어깨들이 일제히 축 늘어진다

마네킹

찬바람이 몸속까지 파고드는 2월 끝자락
소래산 등산로 입구에서 그녀를 만났다
때 이른 반바지에 무릎까지 오는 등산 양말을 신고
양손에 스틱을 거머쥔 그녀
지워진 눈썹, 허공에 둔 시선은 미동도 없다

잘록한 허리와 긴 다리
사람 눈길을 끌었을 그녀의 팔등신 몸매
백화점이나 명품샵 쇼윈도에서
그녀를 닮은 사람들을 봤다
비바람이 그녀의 어깨를 밀어보지만
보라색 고어텍스 모자만 벗겨질 듯 위태롭고
여전히 그녀의 얼굴엔 표정이 없다

소래산 정상에는 새벽 등산객들
다투어 메아리를 불러본다

철제 난간을 잡아 흔들며 소리치는 한 남자
"내가 잘 나가던 직장에 다녔는데"를 반복하며
새순 돋은 나뭇가지를 꺾어 허공을 휘젓더니
가파른 바람에 휘청 무릎을 꿇는다

그 남자의 깨진 무릎을 생각하며 내려오는 하산 길
그녀를 또 만났다
그녀가 썼던 모자는 어느 중년이 집어가고
다시 그녀의 머리에 씌워진 새 모자
바코드 위에 쓰인 가격표를 살짝 뒤집어본다

어느 백화점 쇼윈도를 거쳐 이곳 난전까지
떠밀려 왔을 그녀가 모자를 팔고 있다

노인과 벤치

바람이 스치고 간 자리마다
벚꽃이 하얗게 내려앉았다

노인이 지팡이 끝으로
벤치에 떨어진 꽃잎을 치우고
비쩍 마른 엉덩이를 걸친다

가쁜 숨을 고르는 웅크린 몸
벤치에는 여전히 하르르 꽃잎 내려앉는데
늦은 봄날 비둘기는 다 어디로 갔을까

노인은 늦은 오후에
비둘기에 옥수수 모이를 주며
이야기를 나누다 돌아가곤 했다

하루의 반을 이곳에 앉아
뱃속 속내를 드러내도 저 벤치는
묵묵히 노인의 말을 다 받아주곤 했다

오늘은 해가 지도록 노인의 주위에
비둘기 한 마리도 보이지 않고 노인이
지팡이 휘휘 저으며 공원을 빠져나가는 동안

벤치에는 바람에 날리는 벚꽃잎만
하나둘 쌓이기 시작한다

작은 바람에도 휘청이며 구부정한 허리를
더 숙인 채
꽃잎을 밟고 가는 노인의 등 뒤에서
또 한 차례 봄이 지고 있다

앵무새

늦가을 오후 어린이대공원
홍단풍 낙엽 진 길로
사람이 분주히 지나다닌다

아이와 연인들이 삼삼오오
동물원, 식물원으로 더러는
놀이공원으로 발길 돌리는 사이
내가 본 곳은
작은 숲을 촘촘한 철망으로 짜 막은 앵무새 마을
한쪽 경첩이 헐렁해진 천막 문을 밀치고 들어선다
자작나무 가지마다 앉아있던 새들이 날아와
어깨에 앉으며 놀라 고치처럼 말아 올린
내 어깨를 쪼아댄다

여자아이가 내민 손바닥의 먹이를 쪼아 먹는 동안
철망을 넘나드는 사람들의 웃음소리

아이가 철망 안을 드나들 때마다
손바닥으로 어깨로
머리 위로 옮겨 다니며
앵무새들이 운다

저 초록과 노랑의 날갯짓은
노래일까 울음일까

새장에 갇힌 앵무새는 한쪽 날개를 퍼덕이며
철망 안의 높이만큼 하늘로 날아오른다
바람을 움켜잡지 못한 날개의 비행 곡선
처진 날개를 철조망 안에 다시 가둔다

오늘도 지는 해를 등지고 날아오르는
앵무새, 제 그림자만 길다

바람의 언덕

이곳은 거제시 남부면 갈곶리 산 14번지
세상을 떠돌던 거친 바람이 사방에서
모여드는 바람의 간이역

도장포항을 돌아 바람의 언덕으로
오르는 계단에는 바다에서 올라오는 습기도
저 멀리 해금강에서 불어오는 거친 바람을 만나
소금이 된다

휘청이는 몸 계단 난간에 의지하고
바위 아래 누운 억새 햇살이 일으키려는 순간
또 다른 바람이 억새의 허리를 꺾는다

언덕 위의 키 낮은 동백나무
해풍에도 땅 깊숙이 뿌리를 내리고
주름진 나무의 수피가 된다

나무 벤치 아래 바람이
시비詩碑를 돌아갈 때마다 흙먼지가 일어난다
스물여섯 살 동생의 유골을 묻고
슬픔에 겨운 누이가 남긴 시비詩碑
손바닥으로 먼지를 쓸어가며 천천히 읽는데

바람 때문인지 내 눈이 금세 붉어졌다

언덕 아래에선 거센 풍랑에 밀린
너울 파도가 온몸으로 바위에 부딪히고
소금기에 젖은 바람의 전언傳言만
언덕을 기어오르고 있다

외웅치항

바람 잔잔한 외웅치항
출항을 알리는 새벽별 하나
아침을 깨운다

푸른 물비늘의 바다는 어둠을 걷어내고
수평선 위로 튀어 오르는 고기 떼

새벽의 공기를 가르며 어선들이
물길을 타고 출항과 입항이 분주하다

등대도 없는 외웅치항
밤새 검은 바다를 건너온 배들이
부둣가에 싱싱한 새벽을 풀어 놓으면

만선을 기다린 사람들 눈 비비며 몰려오고
확성기에서 쏟아지는 경매사의 알 수 없는 말
순식간에 움직이는 열 손가락 암호들의 전쟁
숫자가 쓰인 꼬리표를 달고
손수레며 트럭에 실려 빠르게 사라지는 고기들

어느새 솟아오른 해가
외웅치항에 쏟아놓은 비린내를 지우고 있다

안개는 부레가 없다

거잠포 샤크섬 선착장
짙은 안개에 배들이 묶여있다
귀로 읽는 바다
파도가 검푸른 지느러미를 펼치며
풍랑 속에서 헤엄을 치고 있다

바위틈에 몸을 숨긴 바다제비, 짙은 안개에
발자국을 찍고 황급히 날아간다

쉬이 잠들지 못한 배가 뒤척이는데
상어 입처럼 벌어진 거잠포, 내 발자국도
안개 속에서 흔적 없이 사라진다

지느러미를 움직여야 가라앉지 않는 상어처럼
부레도 없이 나를 삼켜버린 안개는
끝내 길을 열어주지 않는다

안개가 떠밀려와 섬이 된
거잠포 매도랑
바다 밑에선 거친 상어 떼가 먼바다로 떠나는데
나는 샤크섬 등대 아래 기대어 어디로 가야 할까

저비섬*

하루 두 번
제품으로 바람을 품고
온몸을 열어젖히는 저비섬 바닷길
어린 아들 등에 업고 갯벌 고랑에 엎드린
남자의 허리춤 낙지 망이 헐렁하다

3년 전 여름
조현병 앓던 아내의 손을 잡고
저비섬으로 이주해 온 남자
뻘밭에서 낙지 잡으며 병든 아내 간호했었다

밤이면 환청에 시달리던 그녀
바다 저편에서 불꽃이 펑펑 터진다며
매일 밤 맨발로 달려나가고

그날 새벽에도 바닷길은 열리고
어두운 뻘밭에서 파도는
종래 그녀의 발자국을 지워버렸다

검은 갯벌을 바라보며 보채는 아이
허리도 펴지 못한 채 다시 낙지 숨구멍에

손가락을 집어넣는 사내
멀리서 들물이 조금씩 들어온다

뻘 묻은 손으로
떠난 아내의 발자국을 줍는 남자
그가 등대처럼 버티는
저비섬

*저비섬 : 육지에서 멀리 바라보이는 섬이라는 의미, 제부도를 말함.

두물머리

붉은 단풍잎 하나 떠내려가며
빨갛게 물든 저녁강

말뚝에 묶여 흘러가지 못하는
낡은 목선 위로 물새 떼가
파드득 날개를 털며 날아간다

강과 강으로 이어진 산자락은 먼데
저녁강 물살에 비친 400살 느티나무
날아가는 새들과 불어오는 바람을 모아
한 몸처럼 울긋불긋 단풍 든다

남한강과 북한강이 만나 합쳐진
두물머리
잠시 발을 담가 본다

오래전
그를 만나기 위해 달려왔던 곳
해가 저물도록 강가를 서성거려도
그는 나타나지 않고 맞닿아
흐르던 두 강은 말없이 흘러만 갔다

붉게 물든 단풍잎 하나를 떠밀고 가는 강
기다리던 나도
오지 않던 그도
자꾸만 어디론가 떠밀려간다

민간자율구조대

노을이지는 대부도 선착장
바람에 나부끼는 폐선 한 척 더는
바다로 나갈 수 없는 민간자율구조대
깃발만 소금기에 서걱거린다

한때는 태풍에 휩쓸린 어선의 다급한 구조신호에
폭풍 속으로 달려갔을 저 구조선
구멍 난 배 밑창 붉게 녹슬어 어둠이 깊은데
구멍마다 다닥다닥 통증처럼 말라붙은 저
따개비들은 지금 무엇을 품고 있을까

지난해 조기잡이 어선을 타고 나갔다가
거센 풍랑에 겨우 살아 돌아온 사내
술에 취한 채 선착장 뱃머리에 주저앉아
밤이면 돌아오지 못한 동료들이 배가
난파된 바다에서 자꾸 사내를 부른다고 한다

사내의 흐느낌이 밤 이슥토록 이어질 때
이제는 폐선이 된 민간자율구조대 뱃머리를
검은 파도가 때리고 있다

2부
소리의 문

맹꽁이

비가 오는 날이면
코를 잡고 시작하는 놀이

"맹꽁" "찡꽁"
"맹꽁" "찡꽁"

맹꽁 선창하면
찡꽁 해야 내 코를 놓아주던 오빠
빨개진 코를 잡고 눈물 쏙 빼고 있으면
알사탕 하나 입에 쏙 넣어주더니

그해 여름,
바가지를 엎어 놓은 듯
맹꽁이처럼 퉁퉁 부어오른 배를 받쳐 들고
배꼽조차 손에 닿지 않아 순한 눈만
끔벅거리며 떨고 있던 오빠

가쁜 숨을 몰아쉬는 오빠의 손을 잡고
'맹꽁 찡꽁 맹꽁 찡꽁' 해보지만
오빠는 기어이 부풀어 오른 배를 안고
여름이 가기도 전 눈을 감았다

장맛비가 퍼붓는 개천가에는
'맹꽁 찡꽁 맹꽁 찡꽁'
맹꽁이만 오래도록 울었다

소리의 문

목울대를 타고 열렸다 닫히는 숨소리
내 몸 안에 갇혔다

의사는 급성 후두염과 성대결절로
어쩌면 목소리를 잃을 수 있다고 말했다

담장 너머 벚나무 가지마다
꽃망울 툭툭 터지는 소리는
오랜 세월 내 안에 갇혔던 욕망이 아닐까

닫혀있는 후두 깊숙이 스테로이드를 밀어 넣는다
꽃망울 터지는 소리가 후두를 지나가고
혀와 입술이 부드럽게 풀어진다

굴포천 벚나무에 봄비가 내린다
비는 내 마음의 유리창에도 부딪힌다
빗방울이 만든 둥근 파문들

소리가 다시 내 안에 갇혀서
조금씩 후두로 흘러간다

빈집

양철 대문이 붉게 녹슬어 있다
경첩이 삭아 반쯤 기울어진 문, 마당엔
엉겅퀴 쑥부쟁이 기린초가 몸을 섞고 있다

서까래가 주저앉은 처마 끝에선
옥수수가 말라가고 검은 장화 한 켤레
먼지가 내려앉은 마루 끝에 걸쳐있고
격자무늬 창살이 부서진 창호지에
빛바랜 압화가 선명하게 남아 있다

금잔화 압화에 잠시 손을 올려본다
손끝에서 바스러지는 꽃잎
창틀 사이로 쏟아지는 햇살에 꽃잎이
무너진 담벼락을 넘어가는 것이 보인다

갈라진 벽 귀퉁이에 걸려있는 낡은 바지
얼마나 오래 저곳에 못 박혀 있었을까
찢어진 벽지에 까맣게 곰팡이가 피어있다

저 방에서 꿈을 키웠던 사람들
지금은 어느 도시, 어느 변두리에 스며들어서
또 곰팡이처럼 까맣게 피고 있을까

대학로를 걷다

늦가을 오후
벤치에 쌓인 낙엽이 바람에 휩쓸려
뒹구는 것을 보며
문득 나를 떠올려 봅니다

한때는 카페에서 브라우니 한 조각에
커피를 마시고
소극장에서 연극을 보고
언더그라운드 노래에 빠져들던 나

지금도 달콤한 브라우니가 혀끝에 남았는데
연극 「그 남자 그 여자」가 끝나자 극장에서
쏟아져 나오는 수많은 나를 봅니다

마로니에 공원 벤치에 청바지를 입고
내가 통기타를 치며 앉아 있는 모습이 보입니다
우산도 없이 비를 맞으며 혼자 있습니다

이제는 마로니에 공원 벤치에 앉아있어도
그 노래 속으로 들어갈 수 없습니다
너무 멀리 왔습니다

내 것이라고 믿었던 것들이 바람처럼 빠져나가고
차를 마시고 연극을 보고 음악을 듣던 그 옛날의 나는
희미해져 한없이 멀어져만 갑니다

관객이 모두 떠난 소극장 계단에 앉아서
늦가을 볕에 처진 등을 통째로 내어주고 졸고 있는
여자, 저 여자도 날아오르기엔 날개가
너무 무거운가 봅니다

두통과 싸우다

위층 602호에서
며칠 전부터 벽을 타고 흐르는 누수로
우리 집 천장과 주방 벽 귀퉁이에
곰팡이가 폈다

몇 번 항의 끝에
윗집이 대대적인 보수공사를 시작했다
이른 아침부터 드릴과 망치 소리가 휴일을 휘젓고
소음이 안방까지 달려와 머리를 뒤흔들어 놓는다

수면 안대를 하고 귀마개를 꽂고 견디는데
내 머릿속을 온통 파헤쳐 놓기라도 하겠다는 듯
저 막무가내 소리는 허공을 뚫고
내 머리를 뚫고 가슴을 뚫는다

점점 달아오른 공사 찢어지는 쇳소리
거친 소리가 벽을 타고 내려온다

금방이라도 터져버릴 것 같은 머리를 움켜잡고
창문을 열고 소리를 질러본다

마치 점령군처럼
무거운 기계를 노련하게 다루는 솜씨로
휴일까지 저당 잡아버린 사람들
세상의 고통 따위는 아랑곳없다는 듯
벽을 뚫는 드릴의 강도를 높인다

금방이라도 벽에서 쏟아져 내릴 것만 같은
저 공포의 덩어리들

진통제 다섯 알로도 가라앉히지 못하는
두통, 나는 지금 한판 전쟁 중이다

빈자리

허리춤이 맞지 않는 바지처럼
첫차가 헐렁하다

매일 아침 반복되는 두통과 구토를 견디지 못하던 동료가
퇴직한 설 연휴 첫날, 그의
빈자리를 메우기 위해 출근을 한다

난방도 없이 언 손으로
타자를 치고 주판알을 튕기며
가감승제와 싸우던 시절
그와 나는 세상을 배우기 시작했다

단 한 번의 실수도
숫자 하나, 콤마 하나의 오기誤記도 허용되지 않던 직장
매일 잔업에 시달려도 희망을 놓지 않던 우리
뭉친 어깨를 서로 만져주며 단단해졌다

우리가 자판에 갇혀 있는 동안
세상에는 벚꽃이 피고 단풍이 지고
계절이 수없이 왔다 갔다
종일 계산을 맞추느라 머리를 맞대다
부기장을 접고 일어서는 시간

"통장에서 빼간 수수료 내놔라
대출이자는 왜 이렇게 비싸냐"
생떼 쓰던 고객의 삿대질에도 그와 나는
서로의 등을 쓰다듬으며 위로했었다

더딘 일 처리와 내 굼뜸까지도 묵묵히 감싸주던
그가 앉았던 의자 위에
겨우내 손에 쥐여 주던
그의 핫팩을 가만히 놓고 돌아선다

퇴근길

오피스 빌딩에서 쏟아져 나온 사람들이
옆구리에 서류봉투 하나씩 끼고
버스 정류장으로 몰려가고 더러는
불이 켜지는 로데오 거리 광고판 속으로 사라져간다

미니마트 차양 아래
철 지나 바람이 들어 푸석해진 사과가
어둠에 젖어간다

우체국 앞 십자로 신호대기 건너편
모사한 빈센트 반 고흐 그림을 파는 남자
오가는 사람들에게 철 지난 〈해바라기〉 그림을 들고
테오에게 외치듯 흥정을 붙여보지만
아무도 귀 기울이지 않는다
오늘도 〈해바라기〉는 그의 곁을 떠나지 않을 것이다

천막마다 홍등을 내어 건 포장마차에는
종일 사무실에서 상사에게 닦달을 당하고
거래처에서 시달린 사내들이
뜨거운 우동에 소주 한 잔을 들이켜며
후루룩 포개지고 풀어진다

한쪽 다리가 불편해 기우뚱 걷는
효자빌딩 8층 청소 담당 허 씨 아주머니
무단횡단으로 4차선 도로를 건너려다
중앙차로 한가운데 갇혀 안절부절못하고 서 있다

자정을 넘어가는 초침처럼 째깍째깍
불안에 젖은 사람들이 출렁거리는 퇴근길
늦은 밤 버스를 기다리던 나도
덩달아 째깍거리고 있다

봉은사역

낡은 신발 뒤축처럼 닳은 사람들이 승강장으로 밀려오고
악어 아가리로 벌어졌던 지하철 출입문이 닫혔다
천장에 매달린 손잡이마다 낯선 손들이 포개지고
등과 등이 빼곡히 잇대고 선 전철 안
쓰나미에 무너진 집들 같다

칭얼대는 아이를 달래는 엄마
분홍색 엠블럼을 가방에 달고 얼굴이
하얗게 변해가는 임산부
거북이 목으로 스마트폰 게임을 하는 학생
무릎은 무릎끼리 부딪치고
옆구리는 옆구리끼리 뒤엉켜도
여전히 태연한 저 초점 없는 눈동자들
나는 눈을 감고 헛기침을 한다

다섯 시 반 알람 소리 듣지 못해
젖은 머리 민낯으로 허둥지둥 달려 나온 아침
개수대에 수북이 쌓인 그릇
식탁 위에 먹다 둔 사과와 오렌지
방마다 팽개쳐진 양말들
차창에 어른거리는 낯선 얼굴들처럼
그것들이 손잡이 끝에서 흔들린다

아침부터 지친 표정으로 우두커니가 된 사람들
어두운 차창에 비쳐 유령처럼 흔들리는 동안
봉은사역 승강대에서 완강한 사각형 사내 둘
나무토막같이 빳빳한 내 다리를 꺾으며
막무가내로 밀치고 들어온다

출입문이 다시 닫히고
전철은 쓰나미처럼 어둠을 집어삼키고

홍매화 찻잔 하나

길게 늘어선 천막 지붕 틈새를 비집고
저녁 햇살이 병방시장 안을 기웃거린다

저녁 찬거리를 걱정하는 주부들이
채소, 생선가게를 지나 즉석 반찬 코너로 모이고
팔다 남은 계란말이, 잔 멸치볶음은 원 플러스 원

시장이 끝나는 길목
중고 물품들을 쌓아 놓고 팔고 있는 좌판이 있다
부채, 보온병, 카세트테이프, CD, 옷걸이,
비닐우산, 구두 깔창, 돋보기
없는 것 빼고 다 있을 듯한 물건들 속에
내 발걸음을 멈추게 한 건 홍매화가 그려진 찻잔 하나

나는 찻잔 앞에 쪼그려 앉아
붉은 꽃잎을 하나하나 만져본다
어느 곳을 떠돌다 이곳 좌판까지 흘러왔는지
손자국마다 먼지가 묻어난다
꽃잎의 모서리가 지워진 홍매화가 손바닥에 맞닿자
지난날 〈돌다방〉에 혼자 앉아 있던 내가 보였다

붉은 매화가 그려진 찻잔에 커피가 식어가고
그를 기다리던 내 앞에 그는 한 여자와 함께 왔다
종업원은 그 여자 앞에 홍매화 찻잔에 커피를 내오고
친구라고 소개한 그와 그녀는 둘만의 이야기로 즐거웠다
도드라진 홍매화 꽃잎만 떨리는 손으로 만지작거리다
그의 바지에 남은 커피를 쏟아버리고 밖으로 나왔다

그날 내 눈은 황사로 뒤덮인 것처럼 뿌옇게 흐려졌다
까마득히 잊고 살았던 가슴 밑바닥에 고인 상처
신문지에 쌓인 매화 찻잔이 장바구니 안에서
툭툭 나를 건드린다

공원의 아침

밤새 눈이 내렸다
눈의 무게를 못 이긴 비닐하우스가 쓰러져 있고
천변 갈대도 모가지를 꺾었다

지난해 겨울 깊은 밤
전화기 너머 힘든 그녀의 목소리
나는 '울지마라, 외로우니까 사람이다'
시詩 한 편을
전화기에 대고 속삭였고 그녀는 펑펑 울었다

한 번의 이혼과 한 번의 재혼
열 살, 열세 살 아들딸과 헤어진 아픔들이
오랜 세월 가슴에서 혹으로 자랐다
어느 날 전화는 부재중 음성 안내로 바뀌어 있고
한 달 뒤 사라진 그녀,
'지금 거신 번호는 없는 번호입니다,
다시 확인하시고 걸어주십시오'

그날 밤도 눈이 펑펑 내렸다
밤새 내린 눈밭에 그녀는 어떤 발자국을 찍으며
홀로 어디로 걸어갔을까

그녀와 함께 걸었던 이 공원에서 나는
어떤 발자국을 남기며 걸어야 할까

눈의 무게를 견딜 수 없었던
비닐하우스처럼 의지할 데 없던 그녀
호숫가에서 갈대처럼 목을 꺾고 앉아 있을 것만 같아
공원을 기웃거려본다

희끗희끗해진 자작나무만 굽은 등을 말고 있는
아침, 눈 위에 찍힌 고양이 발자국만 선명하다

치매

처음부터 눈치챘어야 했어

나이 먹을수록 깨끗이 차려입어야
업신여김당하지 않는다며
며느리는 걸핏하면 옷을 벗으라고 했지
주머니란 주머니 뒤집을 때부터 알아봤어야 했는데
지갑, 도장, 사탕을 식탁에 꺼내놓고 그것들
다시 주머니에 챙겨 넣을 때 꼼꼼히 살폈어야 했어

매주 오는 사회복지 자원봉사자가 말했어
홀로 사는 부모 연금을 자식들이 관리해준다며
돈만 뺏고 돌보지도 않는다고

어느 날
며느리가 주머니에 있던 내 도장 가져다 복사하고
복사본을 내게 주었지 그때 눈치챘어야 했어
은행에 가자고 나를 꼬드긴 날
며느린 나 대신 통장 관리인으로 이름을 올리고
내가 돈도 못 찾게 막아버린 거야

"내가 이런 말 하면 안 되는 줄 알지만
에미가 그러면 안 되는 거야

내 통장엔 에미가 관리인으로 올려서
연금도 못 받고 돈도 못 찾게 되었다
빨리 원본 도장 가져오라고 해라"
아들에게 호통을 쳤는데,

아뿔싸 오늘 아침 마누라 영정사진을 꺼내는데
도장이 서랍 속 비디오 옆에 있네 통장에는
내 이름 석 자만 있고 며느리 이름은 없는 거야

며느리의 앙칼진 목소리가 가슴을 찌르는데
돈으로 달래보고, 미안하다 사과해도 소용없네

어쩌나
이제 나는 찬밥이네

애호박

버스 정류장 옆 공터 애호박
낡은 비닐 끈에 매달려 잎이 무성하다

버스를 기다리며
솜털 보송한 애호박을 볼 때마다
내 뼈마디가 아프다

두 번째 유산 후 젖몸살 앓으며
물조차 삼키지 못해 말라가던 때
그때부터 애호박만 보면 자꾸만 헛입덧을 했다

장맛비가 쏟아지고
바람이 호박 밑동을 치고 있다
낡은 비닐 끈을 타고 오른 줄기가
힘겹게 허공을 붙잡고 있는 사이
노랗게 곪아버린 애호박 하나
툭, 떨어진다

물컹, 내 안의 심장을 치고 가는 된바람

3부

수하리의 봄

외부인

한 곡의 노래가 완성되도록
보이지 않게 뒤에서 음향을 책임지고 있는 외부인
신촌 음원사 녹음 스튜디오
가수들의 반복된 녹음에도 지치지 않는
그들의 연주는 빛이 났고
악보도 곡의 해석도 완성되었다
가수들의 노래가 공연장 하늘을 날아다니는 동안
언제나 스튜디오 안에서 그늘로 있어야 했던
가수가 불러주지 않으면 무대에 설 수 없는 그들이
중년의 문턱을 넘어 오디션 무대에 섰다
젊은 참가자들과 치열한 경쟁을 치르는
'슈퍼스타 K'
악보도 없이 그들의 연주는 시작되었고
가슴으로 새긴 곡은 리듬을 타기 시작했다
춤을 춘다. 기타가, 현이, 드럼이, 건반이
언제나 세상 밖에서 서성거려야만 했던 그들
'Papa Don' t Cry' 가 울려 퍼지는 동안
심사위원도 방청객도 나도
모두가 먹먹해진 가슴으로 숨이 멎는 것 같았다

'Papa Don' t Cry'
이제 더 이상 그들은 외부인이 아니었다

꽃동네

충북 음성군 맹동면
그곳에 가면 꽃보다 아름다운 사람들이 산다
휘어지고 무너져도 사라지지 않는 향기
다시 꽃으로 피어난다

팔이 없어 종일 누워있는 재철이
인공신장기를 달고 웃고 있는 인영이
남편의 폭력으로 실어증에 걸린 숙희 씨

굽은 손가락 대신 발가락에 붓을 끼워
고갱을 꿈꾸는 앉은뱅이 화가 김 씨
누워있는 이에게 다리 없는 이가 밥을 먹이고
말을 잃은 이에게 동화를 읽어주며
해맑게 웃는 사람들이 사는 곳

얻어먹을 힘만 있어도
주님의 은총이라던 최귀동 할아버지
죽어서도 희망으로 남아 있는 꽃동네엔
사람 꽃이 으뜸이다

영업의 달인

초저녁 기온 영하 10도
한파경보 문자엔 밤에는 최고 영하 15도란다
외출을 자제하라는 문자를 생각하며
약국을 가기 위해 병원을 서둘러 나오는데
지하도 입구에서 라면상자를 깔고 앉아
귤 한 바구니를 팔고 있는 할머니

두툼한 잠바에 목도리를 눈 밑까지 둘둘 감은 남자
떨이라고 생각했는지 할머니 앞에 섰다
"할머니 추워요 어서 들어가세요"
귤이 담긴 검은 비닐봉지를 들고
발걸음이 떼어지지 않는지 남자는 몇 차례 뒤돌아보다
하얀 입김을 불며 골목으로 사라졌다

처방받은 약을 들고 지하도 입구로 다시 돌아오는데
꽁꽁 언 바닥에 쭈그리고 앉아 있는 할머니 앞에
여전히 귤 한 바구니가 놓여있다

팔짱을 끼고 총총 걸어가던 남녀가
힐끗 눈짓으로 귤을 가리키더니
할머니에게 귤 한 봉지 받아들고 기분 좋게 돌아선다

한파로 거리는 사람들의 발걸음이 점점 뜸해지는데
굽은 허리를 다 펴지도 못하고 뒤뚱거리며
지하도 입구로 내려가는 할머니
계단 아래 숨겨둔 귤 상자에서
한 바구니 귤을 퍼 담고 있다

귤 한 바구니가 다시 할머니 앞에 놓였다
한파경보에도 굴하지 않고
사람들의 마음을 이용할 줄 아는 그녀는
진정한 영업의 달인이다

겨울 갈대

동양아파트 주차장 뒤편 재활용 분리수거장
새벽을 밀고 온 낡은 유모차가 멈춰 있다
분리 수거대에 묶여있던 마대 자루를 바닥에 쏟으며
그림자 하나 바쁘게 움직인다
허리춤에서 뽑아낸 비닐봉지에 빈 병과 캔을 주워 담고
상자와 신문지는 노끈으로 묶어 유모차에 싣는다

주차장 형광등 센서에
가끔 손을 흔들어 빛을 불러오는 능숙한 솜씨
헐렁한 옷 속으로 파고드는 새벽바람에
어깨를 움츠린 그림자가 동그랗다

잔뜩 부푼 주머니에서 낡은 인형이 떨어졌다
황급히 줍더니 팔꿈치로 인형의 얼굴을 문지르고
다시 주머니 깊숙이 밀어 넣는다
손등으로 머리카락을 쓸어 올리며 하얀 입김
내뱉는 그림자
아파트 창에 불들이 하나둘씩 켜지기 시작하자
손놀림이 빨라졌다

분리수거장을 빠져나온 유모차에 매달린 그림자
밭은기침에 굽은 허리가 삐걱거리고

빈 병과 캔이 부딪히는 소리가 어둠 속에서 날카롭다
희미한 가로등 불빛이 유모차에 올라앉고
비틀거리는 그림자가 점점 멀어진다

굴포천 천변을 따라 겨울 갈대가 흔들린다
또 한겨울을 힘겹게 견딜 그림자도 따라 흔들린다

갑甲

2014년 10월 7일 오전 9시 10분
경비원 아저씨 분신자살 시도, 3도 화상으로 병원 입원.
2014년 11월 7일 분신자살 시도 경비원 아저씨 사망
머니투데이 2014년 11월 7일 박소연 기자

그가 원한 죽음이 아니었다

유통기한 지난 음식을 선심 쓰듯 주고
짐승에게 하듯 과일을 창문 아래로 던지더니
택배를 늦게 찾아가곤 물건 상했다며
배상을 요구하던 그들
분리해 놓은 쓰레기를 꼬챙이로 헤집고
화장실 가는 것조차 눈치를 주었다
수시로 마음을 찌르는 가시 같은 사람들
성질 괴팍스러운 주민들의 폭언과
해고하겠다는 잦은 협박이 난무하던 곳

하늘 높은 줄 모르고
사람 위에 사람이 있다는 듯
경비원들을 멸시하는 개골과 생억지가
압구정 대현아파트에는 있다

아파트 입구 배롱나무 아래 떨어진 나뭇잎처럼
다섯 평 경비실 앞에서 분신焚身한 오 씨의 혼도
나뭇잎으로 서성거리는 11월,
가을도 눈을 감았다

해마다 키를 맞추어 잘라주던 쥐똥나무 담장
주인을 잃고 가지가 들쑥날쑥 제멋대로 뻗어있다

오 씨가 늘 가꾸던 화단에도 잔디밭에도
쓰레기 분리수거장에도 그는 보이지 않고

경비원 전원 해고
현수막만 아파트 벽에서 펄럭이고 있다

팽이

중학교도 채 마치지 못하고 가출한
어린 엄마의 몸에서 세상에 태어나자마자
엄마 품에 안겨 보지 못한 채
꽃동네에 버려진 너

뒤틀린 팔다리로 천정만 바라보며
방바닥에서 뱅뱅 돌기만 하던
인형같이 작은 몸집의 아홉 살 사내아이

구순구개열 흔적으로 갈라진 입술 사이
까맣게 썩은 앞니가 드러나고
등에 난 욕창이 살갗을 파고들어도
마치 웃음 보약이라도 먹은 것처럼
방실방실 웃기만 하던 요한이

삼시 세끼 약을 먹을 때마다
알약이 목에 걸려 기침이 나도
목 깊숙이 울음이 차올라도
종일 한자리에서 돌기만 하던 너를 품에 안으니
빙글빙글 돌던 요한이의 세상도 비로소 멈추었다

둥개둥개 요한아
너를 만나고 온 뒤
갈라진 입술을 달싹거리며 바람 새는 소리로
"또 오세요" 말없이 웃던 네 눈동자가
가슴에서 떨어지지 않는다

네가 한없이 돌면서 가 닿고자 하는 세상
옹이 박힌 발뒤꿈치 팽이채가
잊히지 않는다

경비실 김 씨

잠비*에 후두두 떨어진 장미꽃이
담장 아래 수북한 아침
댑싸리비로 젖은 꽃잎을 쓸어 모으던 경비실 김 씨
시멘트 바닥에 찰싹 붙어 쓸리지 않는 꽃잎까지
손으로 떼어 쓰레기봉투에 담았었다

언제나 면장갑을 끼고 반갑게 인사하던 김 씨
4년째 옆구리에 달고 있는 배변기를 만지며
담장 아래 꽃들이 자꾸만 암 덩어리를
콕콕 찌르며 떨어지는 것 같다던 그

백운산 도마치봉 아래 웅크린 장례식장
아파트 담장에 걸린 장미처럼
지금은 붉은 장미를 영정 리본으로 두른 김 씨
문상객 하나 없는 영안실에
아홉 살 어린 아들, 벽에 기댄 채 잠들어 있다

영정사진 속에서 잠든 아이를 바라보며
댑싸리비로 꽃잎을 쓸어내듯
아홉 살 아들의 이마를
김 씨는 천천히 쓸고 있다

*잠비 : 순우리말, 여름철에 내리는 비.

2차선 밖 남자

국화 꽃대도 꺾여 쓰러진 늦가을 새벽 출근길
형광 안전 조끼를 입고 옆구리에 빗자루를 낀 남자
굴포천 다리 난간에 기대어
담배 연기 길게 내뱉고 있다

훅 내뿜은 연기가 매캐하게 내 얼굴에 닿으며
마주친 얼굴,
당황한 듯 큰 눈을 끔벅거리며
눈썹까지 내려쓴 털모자를 벗었다 다시 쓴다

서둘러 플라스틱 대빗자루를 자전거에 꽂고
굽은 허리를 더욱 말아서
2차선 밖으로 사라지는 남자

밤새 웅크리고 떨던 술 취한 흔적까지 쓸어 담았는지
터질 듯 꽉 눌러 담은 폐지 자루
자전거 꽁무니에 아슬아슬 매달려간다

그가 밟는 페달의 속도만큼
어두운 새벽 허공에 퍼지는 하얀 입김
마른 등과 거친 숨소리 뒤로
지켜야 할 가족들 뒤따라간다

수하리의 봄

옥수수밭과 누렇게 출렁이는 들판을
삼켜버린 횡성호

먼지 날리던 비포장길 옆 논두렁 가에
옹기종기 둘러앉아 타작 밥을 나눠 먹던
이웃사촌들도 뿔뿔이 흩어져갔다

수하리를 옮겨 놓은 화성 옛터 전시관엔
물레, 나무디딤돌, 짚신 틀
사랑방 호얏불 아래 새끼를 꼬던
오래전 풍경들
물이 차오르며 주검처럼 사라졌던
봄이 수몰지를 떠나
옛 풍경으로 걸려있다

전시관 지킴이 노인이
모를 심던 횡성 어러리를 풀어놓으면
먼 기억 속으로 잠겨버린 화성 수하리*
고샅길에 철마다 흐드러지던
복사꽃, 살구꽃 옛 기억들이 숲을 이룬다

고구마 감자 옥수수를 심어
딸 셋을 서울로 대학 보냈다며
손가락 마디마디에 잡힌 물혹을 보여주는
화전리 김 노인 그가
수몰 전시관 감나무 가지에 걸어 놓은
이야기는 아직도 마르지 않았다

*수몰지 5개리(구방리, 중금리, 화전리, 부동리, 포동리)의 옛 이름 '꽃피는 동네'.

톤레삽 강의 아이들

톤레삽 강물에 작은 배가 둥둥 떠온다
멀리서 바라본 배는 가까이 보니 대야였다

대야에 앉아 있는 건 작고 깡마른 여자아이
어른 팔뚝보다 더 굵은 뱀을 목에 감고
관광객들 향해 안간힘으로 노를 젓는다

놀란 눈으로 쳐다보는 관광객들에게
뱀을 머리 위로 들고 외치는
원 달러 플리즈!

낡은 수상 가옥이 즐비한 톤레삽 강
한때는 보트피플이었던 사람들, 전쟁이
끝난 후에도 이들이 밟을 땅은 그 어디에도 없었다
베트남, 캄보디아 주변인으로 살아가는
그들의 삶은 물 위에 있다

태어나자마자 두 다리에 물갈퀴가 돋아
돈을 벌어야 하는 열세 살 여자아이
가족을 위해 한 줌의 쌀을 사는 것이 꿈이다

배의 스크루에 잃어버린 한쪽 팔로
끼니를 구걸하는 사내

앙코르 와트의 사원寺院과
톤레삽 강의 가난이 겹쳐지는 순간
물고기를 잡고 있는 쪽배 하나 휘청거리며 지나간다

노예들의 합창

쉼 없이 파도를 넘은 두 팔이 지쳐있다
구령 소리에 길들여진 어둡고 암울한 선실
선장의 명령에 규칙적으로 노를 젓는 기계들

책상의 반을 차지한 문서
파일에 저장된 보고서가 어깨를 짓눌러도
자신들의 삶을 저당 잡힌
노예들의 노예선은 멈추지 않는다

굳게 닫힌 선실 안에는
예금유치, 카드발급, 연체대금 회수
실적과 경쟁으로 긴 하루가 아우성이어도
말 못 할 사연 하나씩 간직한 채
자신의 꿈은 엉덩이 아래 고이 접어둔다

파티션 사이마다
정규직과 비정규직이 나누어진 선실
같은 시간 죽도록 노를 젓고 밀어도
손바닥에 고이는 건 차가운 모래 한 줌뿐

자초하지 않았지만 스스로 노예가 된 노예들
또다시 노예가 되기 위해 애쓰는 사람들

일평생 노를 젓다가 바다 깊숙이 떠내려간 사람들

여전히 발목에 족쇄 하나씩 찬
노예 아닌 노예들이 오늘도
힘겹게 하루를 젓고 있다

파도를 거스르고 거슬러 올라도
그들의 자리는 늘 어둡고 차가운
선실 안이다

자정子正

인천행 막차가 떠나가고
전철에서 쏟아져 나온 사람들이
빠르게 지하도를 빠져나갔다

지하상가엔 마감을 서두르는
옷가게, 핸드폰 매장, 미니매점의 하루가
지친 눈을 비비며
무겁게 내려앉은 졸음을 쫓고 있다

부천역 지하 분수대 앞
낡고 해진 옷을 겹겹이 껴입고
수세미 같은 머리카락
손가락으로 뱅글뱅글 꼬는 여자
우리에 갇힌 짐승처럼 끔벅이는 눈
움츠러든 어깨가 떨고 있다

지하도를 걸어가며 곁눈질로 힐끔거리던
남자들의 뒤통수에 감자를 먹이며
다시 분수대 앞에서 손바닥을 활짝 펴보는 그녀
손안엔 아기 사진 한 장 꼭 쥐어져 있다

바람이 어깨를 치는 늦은 봄밤
가게들의 셔터는 내려지고
불이 하나둘 꺼지는데
버려진 강아지가 주인을 기다리듯
분수대 주위만 빙글빙글 돌고 있는 그녀

자정도 그녀를 놓고 간다

흰 줄무늬 고양이

명성 빌라 반지하 노처녀가 키우는
검은 고양이가 쓰레기더미를 뒤질 때
길 건너 흰 줄무늬 고양이
담벼락을 건너뛰어 그의 영역으로 왔다
허락도 없이 경계선을 넘은
흰 줄무늬의 뒷덜미를 그는 물어뜯기 시작했다

앙칼진 소리는 중앙선을 넘고 인도를 넘어
푸르지오 아파트 704동 모퉁이까지 멀리 퍼져갔다

흰 줄무늬는 가까스로 왔던 담벼락을 되짚어
4차선 도로에서 중앙선을 넘자마자
1t 트럭에 대퇴부를 들이 받쳐
그만 정신을 잃고 말았다

얼마의 시간이 지났을까
저 멀리 희미한 낮달이 조문을 와있었다
이렇게 누워 본 적이 언제였던가
길은 한 번도 그를 안아주지 않았고
수없이 뛰어넘은 골목 담벼락이 길을 막았다

하늘채 빌라 평상 아래 터를 잡고 살던
흰 줄무늬 고양이를 치고 간 바퀴는 어디론가 사라지고
차가운 아스팔트 위
죽음의 그림자만 무덤처럼 남아있다

습격

본능이었다

아픈 기억을 뽑아내고 어두운 동굴에서 나왔다
이제 누구에게도 꼬리 치거나 꼬리 내리지 않겠다

인간이 동반자라고 붙여준 반려견
가족이라는 이름으로 살았던 날을 붙잡고
거리를 헤매던 절망의 시간, 스스로
기생한 상처가 낱낱이 일어섰다

당신이 날마다 준 먹이와
아늑하게 몸을 눕혔던 작은 집
내 머리를 쓰다듬던 손길 아득하지만
당신이 송곳니를 드러낸 순간
이제 나도 더는 참을 수 없다

내 본능은 사냥꾼이었다

4부

무릉계곡

중환자실 언니에게

生死 길은
예 있으매 머뭇거리고
나는 간다는 말도
못다 이르고 어찌 갑니까.
어느 가을 이른 바람에
이에 저에 떨어질 잎처럼,
한 가지에 나고
가는 곳 모르온저
아아 미타찰에서 만나볼 나는
도를 닦아 기다리겠노라

중환자실 안과 밖에서
바람의 길을 생각해요

공피증으로 혈관이 서서히 좁아져도
작약 꽃 목도리를 나뭇가지 끝에 걸어두고
함께 기다리던 봄
이제 해가 기울며 목도리의 그림자만 길게 늘어졌어요

손과 발의 피돌기가 멈추고
살이 썩고 말라비틀어진
그녀의 등을 차마 만질 수조차 없네요

복숭아 꽃 가지가 어둠을 향해 휘어지고
내 손끝도 조금씩 마르기 시작했어요
담쟁이 넝쿨도 창문틀에서 손을 놓았고요

조금 덜 아프게
활짝 핀 작약 꽃처럼
웃는 얼굴로 떠날 수 있도록
잡았던 그녀의 손을
나도 이제 놓아야겠어요

어둠은 지금
마룻바닥에 엎드린 내 어깨 위에서
천천히, 아주 천천히 흐르고 있어요

발자국

- 49재를 지내고

처서가 지나자 처마 끝 빗물 떨어지는 소리에도
눈시울 붉어지던 당신
여름과 가을 사이 풀들의 물관이 마르듯
당신도 뼈만 남아 물기 없이 퍼석거렸습니다

새벽 침대 위에서 뒤척이는 신음은
한밤중 몽골 사막을 건너가는
황량한 바람 소리 같았습니다

사막을 건너가는 낙타의 발걸음같이 그 고통이
느릿느릿 구릉에서 구릉을 건너갈 때마다
저 멀리 극락강이 부르는 것 같다며
내 손을 붙잡고 자꾸 뒤를 돌아보곤 했습니다

작나무가 말라가고 바람도 말라가는 가을의 끝
짧은 한평생을 무겁게 등짐지고
사막을 건너왔던 길을 내려놓고
까맣게 가을 저편으로 사라져간 언니

당신이 걸어갔던 발자국 위에
붉은 국화 한 다발을 놓습니다

어머니의 봄

목련은 피고 스무 살 막내 이모는 집을 나가고
서른 번의 봄이 지났습니다

해마다 목련이 피면 어머니는
목련꽃 그늘에 앉아 하얗게 말라갔습니다

봉오리가 하나둘 벙글 때마다 목련은
이모의 하얀 피부를 닮아 눈부십니다

어머니가 꽃그늘에 앉아 말라가는 동안
가지 끝마다 매달린 목련은 송이송이 펑펑 터집니다

바람이 불고 봄비가 내리면 목련꽃은
이렇게 잠시 피었다 져가는 것이었습니다

어머니의 기다림은 또 한해의 기다림이 되고
봄은 저만치 혼자 멀어져 갑니다

무릉계곡

문턱을 넘어 겨울이 왔다

낡은 책상 서랍에 일기장을 접어놓고 떠나온 길
돌아보니 입김 하얗게 지나온 발걸음은
눈 속에 묻혀 보이지 않는다

낡은 콘크리트 의자 하나
푯말도 없는 정류장
무릉 가는 버스는 폭설로 끝내 오지 못하고
나는 눈 위에 내 발자국을 찍으며
무릉을 생각했다

공피증을 앓던 언니는
썩어가는 손발의 통증으로 혼절을 거듭하고
한 주먹의 진통제를 털어 넣으며
무릉에 기대어 하루하루 버텼었다
아들의 애타는 눈물 바람에도
무릉은 끝내 언니를 지켜주지 못하고

어느덧 무릉에도
많은 겨울이 지나가고
무릎 아래 상수리나무들이 훌쩍 자라

눈밭에 하얗게 서 있다

목이 아프도록 언니를 불러도
내 목소리는 산새처럼 메아리로 되돌아오고
무릉엔 무장 무장 눈만 내려 쌓인다

복숭아

어수리 오일장 시골 장터, 해거름에
집을 나서는 어머니를 따라 장터에 갔다
어느새 장터는 파장이 되고
채 못다 판 옷가지를 쌓아놓고
장사꾼은 떨이를 외치고 있었다

꼬깃꼬깃 접힌 지폐 한 장으로
어머니의 장바구니는 복숭아로 채워지고
단내에 침이 고인 채
나는 촐랑촐랑 앞서 걸었다

복숭아를 반듯이 깎아서 할머니 앞에 내어놓으면
한 조각 입에 물고 접시를 내 앞으로 밀어내셨다
그때마다 어머닌 손등을 치며
나를 데리고 텃밭으로 나가곤 했다

군데군데 벌레 먹고 상처 난 복숭아를 앞에 두고
옹기종기 둘러앉은 형제들
썩은 복숭아에서 벌레가 나올 때마다
벌레 먹은 복숭아가 더 달고 맛있는 거란다 하시며
윗목에 희미하게 돌아앉아 해진 양말만 꿰매던 어머니

해마다 비알밭에 복숭아가 익어갈 때쯤
집안에는 단내가 가득 퍼지고
마루 끝에 우두커니 앉아있던
초승달처럼 창백한 어머니 얼굴을 생각한다

흰 벽

병실을 들어서면
막내딸보고 환해지던 어머니 모습

머리맡에 약봉지 쌓아놓고
이제 괜찮다 다 나았다
검붉게 부어오른 잇몸 드러내며
억지웃음 지을 때면
입가에 팔자주름이 깊었다

헐렁한 환자복을 입은 피에로처럼
손등까지 끌어 내려 검버섯 감추며
내 손을 잡던 열 개의 손가락
마른나무 가지처럼 뻣뻣했다

병실 복도 끝 흰 벽을 돌아 나올 때까지
가릉가릉 따라오던 기침 소리
목구멍에 걸린 울음 삼키려
킁킁 헛기침만 했다

감기몸살 사흘째,
식탁에 우두커니 앉아
한 움큼 약을 입에 털어 넣으며

햇살에 떠도는 먼지도 함께 삼킨다

수도꼭지에서 물 떨어지는 소리만
길게 내 귀에 남는다

무나물

어머니 손끝에서 가지런히 썰린 무채가
냄비에서 익어 가면
매콤한 냄새에 코를 막던 철부지
두레 밥상에 매일 올라오던 쓴맛 무나물이
입안에서 씹히지 않고 뱅뱅 돌았다

"오늘 무는 얼마데?"
"엄니, 필례네 빈 무밭에서 주워왔어요"
한밤중 할머니와 나누던 엄마의 핏기 없는 목소리

바람 들어 구멍 숭숭 뚫린 무처럼
엄마의 목소리에도 바람이 들고
그해 겨울바람은
낡은 내복 구멍 사이를 헤집어
나는 밤새 잠들지 못했다

천식에 시달리는 딸을 위해
한사코 식은 무나물 먹이느라
보리밥 사발을 반도 다 비우지 못했던 어머니
어머니가 유일하게 해준 치료 약이 무나물이란 걸
어른이 돼서야 알게 되었다

오늘은 눈이 내리고
그해 겨울처럼 내 마음에도 숭숭 구멍이 뚫린 날
마트에서 무 한 개를 사 왔다

서툰 칼질
어머니의 손끝에서 그렇게 곱던 무채가
삐뚤삐뚤 손마디처럼 굵다

어머니의 고향

뒤란 깊은 우물
키 작은 앵두나무 사이
어깨를 맞댄 쥐똥나무가
나지막한 울타리가 되었네

밤나무 한 그루
성큼성큼 뒤란을 돌아 나오고
한자락 바람이 마당을 쓸면
맨 먼저 눈을 뜨는 건
기왓장 틈새에서 고개 내민 와송
나는 흘러내린 산 그림자 밟고
입안 시리도록 엄마를 기다리네
동구 밖 느티나무에 소 울음 걸리도록
장에 간 엄만 오지 않네

딸 시집보내고 일주일에 한 번
아버지 옆구리 찔러가며 전화하던 엄마
할 말이 그렇게 없을까 매번 똑같은 말
"우리 딸 밥은 할 줄 아냐?"
시려오는 콧등 잡고 열 번 스무 번 똑같은 대답
"내가 세 살 먹었나,
이제 냄비에 밥물 넘기지 않고 잘해"

전화기 너머 엄마의 목소리 사라진 지 열두 해
엄마를 만나러 엄마의 고향 함평에 가네

그곳에 엄마는 없고
꿈속에 본 단발머리 여자아이 하나
나풀나풀 울타리를 넘어가네

그늘

결혼 행진곡에 발맞추며
손을 잡고 걸어갈 때도
당신의 그늘 미처 알지 못했습니다

사위에게 살포시 잡은 손 넘겨주고
돌아서 눈물 삼키시던 그 마음

내가 친정에 가는 날은
어김없이 연탄불 석쇠에서 고등어가
노릇노릇 익어가고
먹는 것만 봐도 좋다며
잘 익은 고등어 살점 뚝 떼어 밥 위에 올려 주고
흐뭇하게 바라만 보던 당신

큰 공장에 밀려, 자동화에 밀려
신발 수가공 공장 문을 닫는 사위에게
"젊어 고생은 돈 주고도 산단다"
곁에서 늘 힘이 되어주신 당신 모습 떠오릅니다

중학생 손주 앞에서 나를 당신 무릎에 앉히고
무엇이 그리 좋은지 등을 쓰다듬으며 허허 웃더니
뇌경색으로 쓰러진 지 다섯 해

눈과 비를 온몸으로 맞은 고목처럼
막내딸마저 알아보지 못하고 앙상해진 당신

아버지, 당신이 내게 드리워 준 그늘은
버팀목이고 든든한 언덕이었습니다

겨울이 가고 마른 나뭇가지에 새순이 돋으면
이제 내가 당신의 잎이 되고 살이 되고
눈과 비 막아주는 커다란 나무가 되겠습니다

그 자리

무릎 튀어나온 바지를 입고
아버지는 여전히 그 자리에 앉아있다
길을 잃고 막다른 골목길을 두리번거리다가
윗동네 공원까지 가셨다

여기가 어딘가?
아무도 가르쳐주지 않았다
아버지는 알고 있었다
이젠 누구도 말을 걸지 않는다는 사실을

40년 전의 기억 속에 사는 얼굴
만길아 미숙아
간경화와 공피증을 앓으며
먼저 세상 떠난 아들딸만 기억한다

빛바랜 플라타너스 잎사귀 한 장
아버지의 발등을 덮는다

미니스커트와 청바지를 입은 아이들이
허리를 껴안고 공원을 건너가고 나면
벤치에 앉아 멍한 시선으로
아버지는 한참 그들의 뒷모습만 바라보고 있다

뉘엿뉘엿 해가 기울어져 가는 공원
나무 그림자들이
아버지의 가는 어깨 위에 올라타고

공원의 비둘기들만 둥지를 찾아
하나둘 날아든다

모시 적삼

벽 선풍기 줄이 끊어진 날
반년 만에 아버지가 돌아왔다

모시 적삼이 잘 어울리던 아버지
어머니의 손끝에서 빳빳하게 세워진 동정은
화초장 깊숙이 걸려있었다

산판에서 숯을 굽고 돌아와
검정으로 얼룩진 국방색 작업복에
핏기없이 누렇게 뜬 얼굴만 보여드린 것이
가슴에 맺혔던 것일까
한여름 할아버지 제사 때만 꺼내 입던 옷

결혼 십 년 만에 아파트를 장만한 딸네로
아버진 그 하얀 날개옷을 입고 오셨다
이 방 저 방 꼼꼼히 둘러보시던 아버지 손에는
벽걸이 선풍기가 들려있었고
나는 여름내 선풍기 아래서
숯을 구우며 온몸으로 열기를 받아내던
아버지를 생각했었다

사흘이 멀다 하고 전화로
막내딸 안부를 묻던 목소리도 끊어진 지 삼년
유품으로 가져온 그 모시적삼
찔레꽃처럼 아버지 장롱 깊숙이 누워있다

아직 풀기 남은 날개 까슬한데
벽 선풍기는 다시 돌지 않는다

두레박

어느 전쟁터를 헤매다가 이곳까지 왔을까
누군가의 머리에 쓰였던 철모가 두레박이 되어
뒷마당 우물가에 우두커니로 있다

징용에 끌려가지 않으려고
우물 속에 숨었다는 외할아버지
남편 대신 주재소에 끌려가
사흘 밤낮을 온몸 살이 다 터지도록 매를
맞았다는 외할머니

어느 날 포성이 그치고
주인을 잃고 이곳까지 흘러온 철모
참호를 드나들 듯 저 우물을 들락거리고
화롯불에 둘러앉아 듣던 외할머니의 피난 이야기가
일곱 살 내 기억에도 선명하다

그녀가 아침마다 우물 속에 내렸던 두레박
그때마다 우물 속에선 말 못 할 사연들이
끊임없이 퍼 올려졌다

잘 생기고 허세가 심했다던 외삼촌
가끔 저런 철모를 쓰고 휴가를 나왔었다던

외할머니 말씀
그때마다 우물가는 술렁거리고

휴가 나온 첫날
삼촌과 하룻밤을 새웠다는 영자 언니
사나흘을 뒷산에서 삼촌과 놀았다고
삭발당한 혜순 언니
그들 모두는 저 어두운 우물처럼
지금은 어디서 무엇을 하고 있을까

노을 끝을 물고 우물 속 달을 건지려 했던
할머니도 사라진 지금 어디서 날아왔는지
두레박만 우두커니 빈둥거리고 있는
우물가에서 개망초가 하얗게 웃고 있다

시아버지

감쪽같이 당했다
교양프로, 시사 코너, 종합뉴스 다 섭렵하시더니

어느 날 날아든 보이스 피싱 전화 한 통
꼭꼭 숨겨둔 비상금이
알 수 없는 계좌로 이체되는 동안
어치*의 친절한 목소리에 빠진 시아버지

그러나 지금
경찰서로 은행으로 뛰는 며느리 보기가 민망해
늙으면 죽어야 한다며 돋보기 너머 붉어진 눈
노안에 내려앉은 검버섯이 얼굴 가득 퍼져 보였다

잊자 잊어야 산다고 위로하고 설득하니
하루 만에 편한 저녁 드시고
내셔널지오그래픽 속으로 빠져들어
드넓은 초원을 달리다 잠이든 시아버지

천만 원 가까운 두 아이 등록금 고지서
생각보다 초과 지출된 병원비 영수증을 받아들 때
치밀어 오르는 노여움은 내 몫

오늘도 시아버지 손안의 리모컨은
텔레비전 화면을 바꿔가며
두만강 푸른 물에 젖고
맛집에서 곤드레나물밥을 드시고
정글에서 만난 김병만의 안부도 물으신다

종일 빈집을 지키는 지루함도
손닿지 않는 어머니 보고 싶은 그리움도
잠시 생각에서 내려놓을 때
또다시 어치 새의 유혹에 넘어가진 않으실까
하던 일을 멈추고 전화를 걸어본다

*어치: 성대모사를 잘하는 새 이름.

고구마

압력 프라이팬에 고구마를 넣고 굽는다
누르스름하게 익어가는 고구마를 뒤집어 놓고
컴퓨터 스위치를 켰다
바탕화면이 켜지는 사이
아들 책꽂이에 꽂힌 책들을 보았다
모방범, 사라진 소녀들, 백설 공주에게 죽음을
제노사이드, 추리 소설들을 읽으며
아들은 무엇을 추리하고 싶었던 것일까

몰래 피운 담배가 늘어가고
아버지의 다그침에 말문을 닫아버린 아들
자신의 내력을 자소서에 빼곡히 적은 아들과
보험회사 인턴사원 A 씨의 자살 뉴스가 겹치며
추리소설을 넘겨보는 사이
고구마가 까맣게 타버렸다

저 타버린 고구마가
뒤축이 닳아버린 아들의 구두 같다
침대 머리맡에 놓인
고도원의 〈잠깐 멈춤〉에 적혀있는 메모를 본다

'전 저를 믿어요'

아들은 언제부터 자기 자신을 추리하고 있었던 것일까
타버린 고구마가 식탁 위에서 식어간다

벚꽃 비

터널처럼 하늘을 가린 성주산 벚꽃길
지난밤 내린 봄비에
길바닥에 떨어진 꽃잎들이 자욱하다

뼛속까지 스며든 지난겨울의 바람을 풀어내며
앞서 벚꽃길을 오르던 아버지
바람에 떨어지는 꽃잎을 살포시 손으로 받는다
얼마 전 돌아가신
어머니의 환한 미소를 떠올리는지
꽃잎을 가만가만 들여다보고 손으로 다시 포갠다

길옆 벚나무 아래 무리 지어 떨어진 벚꽃을 보며
분홍빛 어머니의 입술을 생각하고
햇볕 드는 언덕의 민들레에선
돌아가신 어머니의 안부를 묻듯 걸음을 멈추더니
아름드리 벚나무에 숨찬 몸을 기댄다

샛바람이 벚나무를 흔들며 지나가고
하늘하늘 떨어지는 벚꽃 비를 그대로 맞고 계신 아버지
먼 길 떠난 어머니를 생각하는지
아버지의 눈가가 젖어있다

올해도 분꽃이 피었다

이모를 잃어버린 어머니
분꽃 씨앗보다 까맣게 탄 심장을
허공에 걸어놓고

행여 손톱만 한 분꽃 씨
타 버린 속내에서
다시 파랗게 움이 틀까
글썽글썽 하늘만 쳐다보신다

산다는 건
떠남을 준비하는 거라고
거울 앞에서 내 긴 머리 정성껏
빗겨주며 눈물도 정갈하게
안으로만 삭히시던 어머니

분꽃 한 줌 또 받으신다

최명심 시인의 시세계

슬픔 그 너머의 따뜻한 에너지

마경덕 시인

최명심 시집『 안개는 부레가 없다』 서평

슬픔 그 너머의 따뜻한 에너지

마 경 덕 시 인

일상의 소재를 가공하여 "의미를 부여하고" 가치를 발견하는 시적 터전은 '원석' 을 가공하는 장소와 같다. 독창적 기질을 가진 자기류自己流가 강한 시인들은 "관습적이고 고착화된" 낡은 언어의 익숙성에서 벗어나려고 노력한다. 다양한 구성을 위해 어떤 풍경에게, 어떤 질문으로 다가가 "새로운 의미"를 찾아낼 수 있을지 끊임없이 고민한다. '소쉬르' 의 구조주의적 이론에서 유래한 '이항 대립' 처럼 냉혹한 현실에서 비현실적인 시와 현실을 직면한 시인의 관계는 서로에게 "구조적이고 보완적인" 관계이다. 어떠한 모순도 예술이라는 이름 앞에 타당성을 지닌다. 이상과 현실이 충돌하는 일상의 풍경을 낯선 이미지로 환기시켜 재구성한 내러티브에 우리의 "학습된 기억"은 오류가 난다. 의도된 오류의 파동波動, 또는 전복顚覆을 독자는 어떻게 받아들일까. 시인이 시를 쓴다는 것은 한 인간이 자기 분신을 육성시키는 일과 동일하며, 시의 씨앗을 승화시켜 얻어낸 작품은 곧 시사詩史로 남는다. 그러므로 이질적인 "대상과 대상의 관계"를 논리적으로 증명하고 설득할 수 있어야한다. "익숙한 감각을 환기하며" "색다른 체험"을 펼쳐놓은 지면 앞에 "과거의 습관"에 의존한 고정관념은 얼마나 무력한 것인가. 기존의 틀을 벗어나 "충돌하고 출렁거리게 하는" 힘이 "창작의 힘"이다.

시인은 "비가시적인" 기억이나 "추상적인" 감정까지 구체화시켜 이해를 유도한다. 작품해석의 매개적 작용을 하는 제목으로 요지要旨를 추론할 수 있도록 신중을 기한다. 언어의 세공사들은 난감하거나 난해한 "측정할 수 없는" 것을 집요하게 탐색한다. 시인 '코올리지'가 말한 것처럼 독자들의 심부深部에 파고 들어갈 수 있는 내적 존재의 흥미를 독자에게 주어야 한다. 무심히 지나쳤던 사소한 가치를 발굴해내는 것은 "흥미로운 노동"이기 때문이다. 그러한 시를 독자들은 곁에 놓고 같이 호흡하고자 한다. 시를 이해하고 시의 깊은 "능동적인 세계"로 들어가고픈 의욕이 있기 때문이다. 문학이 담당한 역할과 기능은 무엇일까. 절망과 고통, 비애를 통해 인간의 참된 본질이나 "삶의 가치"를 보여주는 것이다. 시 쓰기는 드러나지 않은 현실, 사회가 방치해둔 사각지대 겹겹의 그늘, 또는 내 몸의 어두운 습지를 독자에게 고백하는 것이어서 "대상과의 갈등"은 필연적이다. 넘치거나 모자라는 "사회적 관계" 속에서 개인의 "주관적 개입"은 어디까지가 적절할까. 땅과 하늘의 경계에서 살고 있는 시인은 자신의 "감정에 침몰하지 않으려"고 흘수선吃水線을 긋는다. 타인과 구별되는 현재의 자신은 과거의 자신이며 미래의 자신과 이어진다는 자기 동일성自己同一性에 동의하며 사라진 것들을 소환하거나 객관적 사실에 주관적 해석을 덧붙여 현존하는 것들을 변화시킨다. 스위스의 심리학자 피아제J. Piaget는 '물활론物活論'을 주장했다. "유아는 생명이 없는 사물이 살아있다고 믿는다"는 것이다. 모든 사물에게 생명을 부여하는 시인에게도 적용되는 말이다. 그 엉뚱함과 천진함이 시를 낳고 찌든 "영혼을 정화"시킨다. 아이가 모래성을 쌓고 허물듯이 밤을 지새우며 생각을 쌓고 "허무는 작업을 반복하는" 시인들은 영원히 철들지 않은, 아니 철들기를 거부하는 호기심 많은 어른아이들이다. 세상에게 던지는 질문으로 시는 끊임없이 태어난다. 최명심 시인은 어떤 시적 코드를 가지고 있을까. 주변의 일들을 꼼꼼히 기록하는 시인은 어떤 변별성辨別性으로 자신의 색을 만들어 가는지 살펴보자. 주변을 감싸 안는 따뜻한 심성은 서정적인 경향을 띠고 있다. 오랫동안 습작으로 쌓아올린 시적세계는 섬세한 회화적 이미지로 표출되어 독자에게 쉽게 흡수된다. 독자는 가공의 장소로 초대되어 감정을 공유한다. 사랑하는 언니의 죽음은 "기폭제로 작용"하고 독자는 쓸쓸함이라는 시그널에 끌려 그 안에서 "관계를 형성하며" "슬픔의 처소"에 합류하게 된다. 화인처럼 남아있는 상처들, 내부에 유폐된 슬픔은 흡인력이 있어 모두의 슬픔으로 변용된다. 시인은 과거의 기억에 의미를 부여하고 행간 사이 상상을 한 장씩 끼워 넣어 "슬픔 그 너머의 에너지"를 끌어낸다. 무장된 비장미悲壯美가 "시의 힘"이다.

양철 대문이 붉게 녹슬어 있다
경첩이 삭아 반쯤 기울어진 문, 마당엔
엉겅퀴 쑥부쟁이 기린초가 몸을 섞고 있다

서까래가 주저앉은 처마 끝에선
옥수수가 말라가고 검은 장화 한 켤레
먼지가 내려앉은 마루 끝에 걸쳐있고
격자무늬 창살이 부서진 창호지엔
빛바랜 압화가 선명하게 남아 있다

금잔화 압화에 잠시 손을 올려본다
손끝에서 바스러지는 꽃잎
창틀 사이로 쏟아지는 햇살에 꽃잎이
무너진 담벼락을 넘어가는 것이 보인다

갈라진 벽 귀퉁이에 걸려있는 낡은 바지
얼마나 오래 저곳에 못 박혀 있었을까
찢어진 벽지에 까맣게 곰팡이가 피어있다

저 방에서 꿈을 키웠던 사람들
지금은 어느 도시, 어느 변두리에 스며들어서
또 곰팡이처럼 까맣게 피고 있을까

—「빈집」 전문

한 폭의 그림을 보듯 구체적인 묘사가 돋보이는「빈집」은 사람 냄새가 사라진 "정지된 풍경"이다. 집의 주인은 사람이기에 사람이 떠난 집은 이것저것 가득 차 있어도 "텅 비어"있음을 방증한다. 시인은 눈 앞에 펼쳐진 풍경을 객관적인 시선으로 차분하게 바라보며 보이는 것 안에 감춰진 계산할 수 없고 측정할 수 없는 것들을 찾아낸다. 녹

슨 양철 대문, 반쯤 기울어진 문, 마당까지 점령한 잡초, 벽 귀퉁이에 걸린 낡은 바지와 검은 장화를 신던 누군가의 부재에 대해, 또는 삶을 위협한 과거에 대해 "논리적인 추론"을 이끌어낸다.「빈집」은 "낯선 장소에서 익숙한" 그 무엇을 발견하는 곳이다. 시인은 버려진 것들의 암울한 모습을 "가시적 체험"으로 그치지 않고 앞으로 진행될, 아직 오지 않은 시간까지 짚어내며 "심미적 접근"을 시도한다. 모든 것들이 "빈집의 구성원"으로 제자리에서 시들어가는 모습 속에는 주인의 "부재를 기억하는" 애틋한 기다림이 깃들어있기에 "심미적 접근"은 "심미적 경험"으로 변용된다. 가역성을 잃어버린 "시간의 매뉴얼"에는 소멸만이 남아있지만 시인의 학습된 기억 속에는 사물의 외양이 바뀌어도 그 속성이나 실체는 변하지 않는다는 "보존 개념"도 들어있다. 시인은 사람들의 인식에서 소외 받은 기억을 보존하는 기록자이기 때문이다. 최명심 시인의 잠재의식에 자리 잡은 삶의 허무虛無, 외경畏敬, 고독孤獨 같은 것들이 시를 쓰게 했을 것이다. 그러한 내면의 감정과 비애悲哀를 통해 순수 서정으로 시는 확장된다. 결국 '빈집' 이라는 공간은 누구나 공유할 수 있는 공간으로 환원되고 독자는 그곳에서 마주친 "누군가의 공간"을 주관적으로 파악해 낼 수 있을 것이다

무릎 튀어나온 바지를 입고
아버지는 여전히 그 자리에 앉아있다
길을 잃고 막다른 골목길을 두리번거리다가
윗동네 공원까지 가셨다

여기가 어딘가?
아무도 가르쳐주지 않았다
아버지는 알고 있었다
이젠 누구도 말을 걸지 않는다는 사실을

40년 전의 기억 속에 사는 얼굴
만길아 미숙아
간경화와 공피증을 앓으며
먼저 세상 떠난 아들딸만 기억한다

빛바랜 플라타너스 잎사귀 한 장
아버지의 발등을 덮는다

미니스커트와 청바지를 입은 아이들이
허리를 껴안고 공원을 건너가고 나면
벤치에 앉아 멍한 시선으로
아버지는 한참 그들의 뒷모습만 바라보고 있다

뉘엿뉘엿 해가 기울어져 가는 공원
나무 그림자들이
아버지의 가는 어깨 위에 올라타고

공원의 비둘기들만 둥지를 찾아
하나둘 날아든다

—「그 자리」 전문

'간경화' 로 먼저 보낸 아들과 '공피증' 으로 떠나보낸 딸을 기다리는 시간은 사십 년 전의 그 자리에 머물러있다. 그 장소를 다시 찾았을 때 이전에 살던 얼굴들은 사라지고 어린 아들과 딸을 기다렸던 그 시간은 아직 아버지의 기억을 붙잡고 있다. 한 장소에 벌어진 서로 다른 시간과 오래전에 발생한 "어두운 기억의 레이어"가 겹겹이 쌓인 "비현실적인 공간"은 허상虛像이 존재하는 곳이다. 행복과 불행의 층위로 이루어진 현실과 "과거가 혼재된" 장소는 균열을 일으키며 "절망과 비감悲感"을 안겨준다. 흘러간 과거는 현재의 삶에 영향을 미친다. 무릎이 튀어나온 초라한 행색의 노인에게 누구도 길을 가르쳐주지도 말을 걸지도 않는다. 자식을 못 잊는 부모의 막막한 기다림이 시적 서정으로 연결되어 "의미를 강화"하고 냉정한 "현실을 부각시켜" 생의 비애감은 더 확연해진다. "미니스커트와 청바지를 입은 아이들이/허리를 껴안고 공원을 건너가고 나면/벤치에 앉아 멍한 시선으로/아버지는 한참 그들의 뒷모습만 바라보고 있다"는 대목에서 알 수 있듯 시인은 기다림의 시간과 세월 속에 인지적忍志的 창조의 이상감정미理想感情美를 시적미화로 표출한다. 기다림의 무게를 짊어진 쓸쓸한 일과를 따라가 보면 수없이 돌고 돌았을 둥근 반경에 숱한 발자국이 찍혀있다. 달려와 품에 안기는 까르르 터지는 웃음소리, 두 손에 깡충 매달린 아이들의 하루가 눈에 선하다. 이 사소한 행복들이 "슬픔을 이기는" 힘이다. 그 작은 행복을 만나러 아버지는 그 자리를 맴돈다. 현실을 부정하며 그 시간, 그 자리로 돌아가고 싶은 심리는 아직 매듭짓지 못한 "뜻밖의 이별" 때문이다. 아버지의 가슴에 잠재된 어두컴컴한 "부재의 시간"은 활주로 유도등처럼 등화의 광도를 적절이 조절하며 독자의 시선이 '그 자리'에 착륙하도록 유도한다. 인생의 애수哀愁 비애悲哀 애상哀想은 시간과 장소와 환경과 자아의 체험에 의하여 일어난다. 시편 속에 일관되게 흐르는 슬픔은 정적靜的이며 지정의知情意의 삼위일체적三位一體的인 슬픔이다. 최명심 시인은 한 가족에게 거푸 이어진 일련의 사건을 현존하는 절망과 오버랩한다. "남은 자의 슬픔"을 확인하고 죽음이 남긴 "상처를 규명하는" 일이다.

늦은 봄바람에 떠밀려 옥탑방까지 이사 왔다
차고 단단한 시멘트 바닥에 뿌리내리지 못하고
거리를 수없이 떠돌다 비로소 짐을 푼 곳

5층 옥탑방이 얼마나 까마득했던지
세상의 높이를 너무 빨리 알아버렸다

턱없이 오르는 집세에 밀려 떠돈 지 십 년
떨어져 사는 가족들 함께 모여 살날은 언제일까

풀어놓지 못한 짐들은 늘 상자 안에 갇혀있고
옥탑방 옷걸이에 걸린
때 절은 작업복만 햇살에 말리고 있다

유난히 추웠던 지난겨울을 온몸으로 견디고
옥탑방 난간에 몸을 푼 민들레 꽃씨 하나
눈부신 햇살에 노란 꽃잎 반짝이는데

대문 켠에서 낯선 옥탑방을 올려다보며
컹컹 짖어대는 주인집 강아지가 사납다

때가 되면 바람 타고 날아갈 하얀 민들레꽃씨
옥탑방과 세상의 거리는 너무 먼데

흙 묻은 옷을 갈아입지도 못하고
쓰러지듯 방바닥에 엎드린 민들레

오늘 밤 꿈엔 또 어느 곳으로 날아갈까

—「민들레」 전문

도시의 화단 주변이나 가로수 그늘 시멘트 블록에서 흔히 마주치는 민들레, 살아남기 위해 키를 낮추고 납작 엎드린다. 소음과 매연이 들끓는 "부적절한 서식지"에서 그들은 치열하게 살아간다. 바람에 실려 꽃씨가 이동하는 동안 얼마나 마음을 졸였을까 멋대로 거주지를 선택한 바람이 곳곳에 뿌린 민들레들은 사람의 발길이 닿지 않는 곳이면 안도의 숨을 내쉬며 꽃대를 높이 올린다. 키가 크면 조금 더 멀리 날아갈 수 있을 것이다.

도시에도 민들레처럼 떠도는 사람들이 살고 있다. 임대료나 집세가 오르는 봄철이면 변두리로 밀려나거나 지하방, 옥탑방까지 날아가야 한다. '중심'에서 밀려난 '주변'의 것들은 중심을 든든하게 받쳐주지만 사람들은 '주변'보다는 '중심'에 더 주목한다. "중심과 주변"은 상호불가분의 관계로 공존한다. 시인은 주거공간으로 불편한 옥탑방과 컹컹 짖어대는 주인집 강아지를 병치시켜 사회적 약자가 거대한 사회적 제도 앞에 얼마나 무기력하고 나약한가를 보여주고 있다. 시대의 흐름에 수동적으로 휘둘리는 약자들은 약한 바람에도 흔들리기 마련이다. 「민들레」는 동시대에서 벌어지는 삶의 모습을 다각도로 기록하며 큰 흐름에 묻히고 마는 개인의 미미한 역사를 조명한다. 민들레는 여린 식물이지만 근성이 있어 얼어 죽지도 않고 밟혀도 다시 일어선다. 사회에서 주목받지 못하는 약자가 만만하고 호락호락해 보여도 끈질긴 뚝심으로 척박한 환경도

이기고 일어나듯이 바닥에서 버티던 힘으로 누군가는 옥탑방까지 기어올라 어딘가로 날아가 뿌리를 내릴 꿈을 꾸고 있다. 민들레는 쉽게 절망하지 않는다. 아래 예시「노예들의 합창」에서도 고달픈 삶을 개척해나가는 "억척의 힘"을 만날 수 있다.

쉼 없이 파도를 넘은 두 팔이 지쳐있다
구령 소리에 길들여진 어둡고 암울한 선실
선장의 명령에 규칙적으로 노를 젓는 기계들

책상의 반을 차지한 문서
파일에 저장된 보고서가 어깨를 짓눌러도
자신들의 삶을 저당 잡힌
노예들의 노예선은 멈추지 않는다

굳게 닫힌 선실 안에는
예금유치, 카드발급, 연체대금 회수
실적과 경쟁으로 긴 하루가 아우성이어도
말 못 할 사연 하나씩 간직한 채
자신의 꿈은 엉덩이 아래 고이 접어둔다

파티션 사이마다
정규직과 비정규직이 나누어진 선실
같은 시간 죽도록 노를 젓고 밀어도
손바닥에 고이는 건 차가운 모래 한 줌뿐

자초하지 않았지만 스스로 노예가 된 노예들
또다시 노예가 되기 위해 애쓰는 사람들
일평생 노를 젓다가 바다 깊숙이 떠내려간 사람들

여전히 발목에 족쇄 하나씩 찬

노예 아닌 노예들이 오늘도
힘겹게 하루를 젓고 있다

파도를 거스르고 거슬러 올라도
그들의 자리는 늘 어둡고 차가운
선실 안이다

―「노예들의 합창」 전문

'노예선奴隸船' 은 아프리카에서 들여온 노예를 수송하기 위해 특수하게 개조된 대형 화물선이며 "노예들의 합창" 은 유프라테스강변에서 건설 노역을 하며 이스라엘 노예들이 부르던 노래이다. '노예선' 과 '노예들의 합창' 은 시대적으로 차이가 있지만 "노예라는 공통점"이 있다. 인간이 인간을 소유하는 제도는 신대륙이 발견되면서 절정에 달했고 아메리카 대륙을 발견한 유럽인들은 드넓은 땅에 사탕수수, 커피 목화 담배를 재배하는 농사일과 사금 채취에 많은 노동력이 필요했다. 노예 상인들은 아프리카에서 납치한 튼튼한 흑인 노예들을 구입해 목과 발을 쇠사슬로 묶고 배 밑바닥 좁은 공간 낮은 선반에 첩첩이 화물을 쌓듯 사람을 쌓았다. 긴 항해에서 절반은 죽어 나갔지만 항해에 성공하면 경제성이 높은 장사였다. 선장의 폭력에 살해되거나 자살한 노예들은 '노예선' 을 따라 헤엄치는 "상어 떼의 밥"이 됐다하니 거대한 힘 앞에 약자는 유린당하고 굴복해야 했을 것이다. 현대인에게 사랑받는 기호식품 커피와 담배 설탕의 이면에는 쓰라린 역사가 있다. 사탕수수와 커피 담배 등을 재배할 땅을 위해 유럽인들이 아메리카를 침략하고 인력을 얻기 위해 아프리카를 약탈한 "끔찍

한 역사"이다. 역사가 '마커스 레디커'는 '노예선' 서문에서 "우리사회는 여전히 인종 차별, 해결 곤란한 빈곤, 깊은 구조적 불평등에 영향을 받고 있으며 이러한 문제는 모두 대서양 자본주의의 노예제도에 뿌리를 두고 있다"고 하였다. 자본주의사회에서 샐러리맨의 일상은 노예와 다름없다. 권력의 지배와 통제 아래 정해진 시간을 채워야 하고 주어진 목표를 달성해야 한다. 안정적인 오늘과 미래를 위해 수동적인 자세에 익숙한 노동자는 내일의 삶은 달라질 수 있다는 꿈을 품고 쉼 없이 노를 젓는다. 저마다 개성을 가진 사람들은 "일방적으로 주입되는" 관계에도 불평을 삼키며 '획일적'으로 길들여진다. 오히려 노예선에서 하선下船을 당할까 맘을 졸이며 실적을 걱정한다. 오늘도 불안한 하루를 저어가는 노예 아닌 노예들. 주어진 상황을 극복하는 능력으로 자리가 결정되기에 경쟁이 치열하다. 그들을 설득할 수 있는 힘은 달마다 지급되는 '임금'이다. 불만을 가진 노동자들이 불복하면 직업을 빼앗는 "착취와 압제"의 자본주의의 "피라미드 구조"에서 약자인 노예들은 시키는 대로 노를 저어야만 한다. 그 '노예선'에 탑승하기 위해 오늘도 문을 두드리는 취준생들로 고시원의 불은 꺼지지 않는다. 「노예들의 합창」에서는 정중동靜中動의 힘이 느껴진다. 삶에서 마주친 대상을 포착하고, 그 대상과의 관계 속에서 벌어지는 갈등과 파장을 예리한 시각으로 응시하고 있다. 오랫동안 샐러리맨으로 살아온 진득한 체험이 녹아있는 작품이다. 아래 예시 「옷 봉에 매달리다」에서도 치열한 삶의 모습을 만날 수 있다.

세탁소 옷 봉에도 서열이 있다

번호표를 달고 출입문 가까이 있는 옷 봉에는
와이셔츠, 원피스, 철 지난 잠바
주인을 기다린다

세탁을 맡긴 사람들이 찾아가는 순서에 따라
자리다툼이 치열하다
옷 봉에 걸린 지 사나흘 지나면 또 위치가 바뀐다
시간이 지난 것은 늘 구석으로 밀리고
새로 들어온 것은 바람이 잘 통하는 입구를 차지한다
스팀다리미가 내뿜는 뜨거운 증기, 습한 공기는
비닐 커버 안에서 가끔 물방울이 되기도 한다

내다 걸린 옷가지들이 서로를 밀쳐내도
끈끈하게 달라붙는 천장 구석
켜켜이 쌓인 먼지
고리 달린 장대가 몸을 스칠 때마다 바짝 긴장한다

여전히 쏟아져 들어오는 옷가지들
세탁소 출입문에 달린 풍경이 울릴 때마다
일제히 문 쪽으로 쏠린 시선들,
혹시나 하고 주인을 기다리다
세탁물을 맡기고 돌아서는 모습에
옷 봉에 매달린 어깨들이 일제히 축 늘어진다

—「옷 봉에 매달리다」 전문

일정한 기준에 따라 순서대로 늘어서는 순서가 '서열'이다. 세탁소 '옷 봉'에도 서열이 있어 자리다툼이 치열하다. 세탁소는 신분이 다른 갖가지 층위들이 배열을 이루고 '충돌' 하는 곳이다. 어쩌면 세탁소 구석은 잊혀진 "사멸된

공간"이다. 그 공간에 끼워진 실체는 주인이 나설 때 다시 살아난다. 누군가에게 목격됨으로써 "존재를 증명할 수 있는" 것들이 켜켜이 먼지를 뒤집어쓰고 있다. 몸으로 다시 태어나기 위해 옷 봉에 걸린 옷들은 대문 풍경소리에 일제히 시선이 쏠린다. 그들이 할 수 있는 것은 아무것도 없다. 그저 기회가 오기만을 하염없이 기다리는 것이다. "옷 봉에 걸린 지 사나흘 지나면 또 위치가 바뀐다/시간이 지난 것들은 늘 구석으로 밀리고/새로 들어온 것들은 바람이 잘 통하는 입구를 차지한다"고 한다. 대학서열, 군대 서열, 연공서열, 의전서열 등등, 우리는 순서를 정하는 일에 길들여졌다. 사적인 유대 관계를 맺기 위해 연줄을 찾아다니기도 한다. 외부의 압력, 또는 인맥으로 구성된 학연 지연 혈연이 개입할 때 순서가 흐트러지는 것을 종종 보아왔다. 서열척도가 공평하지 못할 때 "갈등은 발생"한다. 불균형은 위험한 에너지로 변해 "사회적 파장"을 일으키기도 한다. 어느 사진작가는 "세상이란 아득한 환상과 현실이 끊임없이 부딪치고 교차하는 곳이며 사진은 현실과 허구, 실제와 환상이라는 경계에서 사는 우리들의 생을 보여주는 것이다."라고 하였다. 시인 역시 불가능한 시공간을 오가며 "삶의 호흡"을 길어 올린다. 세탁소는 다양한 코드가 결합된 "사회의 축소판"이다. 구석으로 밀려나는 것들은 "사회적 차별"을 받거나 "사회적 영향력"이 없는 약자들의 모습이다. 소외되고 어두운 구석을 어루만지는 최명심 시인은 평범한 이미지에서 어떤 의미를 찾아 독자에게 전할 것인가를 알고 있다. 사소한 것에서 발견한 대상의 특징을 살펴 자신만의 언어를 만들어내고 있다. 이러한 작시作詩 태도는 인간 조건의 인식에서 비롯되어진다. 인간과 사물에 대한 확고부동한 "인식의 자세" 없이는 불가능한 작업인 것이다.

쉬이 잠들지 못한 배가 뒤척이는데
상어 입처럼 벌어진 거잠포, 내 발자국도
안개 속에서 흔적 없이 사라진다

지느러미를 움직여야 가라앉지 않는 상어처럼
부레도 없이 나를 삼켜버린 안개는
끝내 길을 열어주지 않는다

안개가 떠밀려와 섬이 된
거잠포 매도랑
바다 밑에선 거친 상어 떼가 먼바다로 떠나는데
나는 샤크섬 등대 아래 기대어 어디로 가야 할까

—「안개는 부레가 없다」 부분

이 시집의 표제작인 「안개는 부레가 없다」는 '부레' 도 없이 헤엄을 쳐야 하는 상어를 통해 막막한 현실을 보여주고 있다. "안개가 떠밀려와 섬이 된 섬/거잠포 매도랑/바다 밑에선 거친 상어 떼가 먼바다로 떠나는데/나는 샤크섬 등대 아래 기대어 어디로 가야할까" 라는 마지막 연에서 "부레 없는 상어"와 "부레 없는 안개"와 "부레도 없이 가야 하는" 시인의 모습이 하나임을 알게 된다. 시작 심리에서 논리나 자유연상이 시작詩作에 뚜렷하고 확실하게 되면 사물 그대로의 형태는 사라지고 그 사물마저 소멸하여 시인과 사물이 동일시된다. 이런 과정을 거치지 않고서는 시를 쓸 수 없을 것이다. 부레는 물고기의 공기주머니이다.

물속에서 상하로 이동할 때 내부 가스 량을 조절하며 청각과 평형감각을 담당한다. 부레도 없이 상어는 어떻게 살아갈 수 있을까. 상어는 전체체형의 약 25% 정도를 차지할 정도로 아주 큰 "지방질의 간"을 가지고 있다고 한다. 지방질은 물보다 가벼워 물에 뜨는 것을 도와주지만 "쉼 없이 지느러미를 움직여야" 물속에서 뜰 수 있다니 얼마나 고달픈 삶인가. 가시거리 1km만 허용하는 자욱한 안개 역시 "부레도 없이" 수면으로 떠 올라 햇살에 사라진다. '샤크섬' 등대 아래 기대어 어디로 가야 할지 모르는 시인도 세상을 헤쳐나가기엔 숨이 차오른다. 한 치 앞도 모르고 안개에 싸여 살아가는 우리의 삶에도 부레가 없다. 시인에게 주어진 천형은 무엇일까. 소외된 세상의 모든 것들의 대변자가 되어 끊임없이 "아프고 절망하는" 것이 아닐까. 세상에는 너무 많은 쾌락이 있지만 세상의 속된 쾌락을 "멀리 하라"는 "신의 뜻에 따라" 대신 외로움을 앓고 신음하는 것인지도 모른다. 하여 시인에게 고독은 숙명처럼 뒤따른다. 순수시에서 비롯하여 집요하게 존재론적 입장에서 사물의 내면적 의미를 추구하며 사회적 현실까지 확장하는 것은 시인의 시적 과제일 것이다. 구조주의 철학자인 '롤랑 바르트'는 "즐거움은 말의 무기력증을 불러일으키기에 언어기호로는 아름다움을 느끼는 감정과 그 즐거움을 모두 설명할 수 없다"고 보았다. 즐거움이 주는 "말의 무기력증"에 빠지지 않으려고 시인은 부레도 없이 오늘도 책상에 묶여 시를 쓴다.

낡은 콘크리트 의자 하나

푯말도 없는 정류장
무릉 가는 버스는 폭설로 끝내 오지 못하고
나는 눈 위에 내 발자국을 찍으며
무릉을 생각했다

공피증을 앓던 언니는
썩어가는 손발의 통증으로 혼절을 거듭하고
한 주먹의 진통제를 털어 넣으며
무릉에 기대어 하루하루 버텼었다
아들의 애타는 눈물 바람에도
무릉은 끝내 언니를 지켜주지 못하고

어느덧 무릉에도
많은 겨울이 지나가고
무릎 아래 상수리나무들이 훌쩍 자라
눈밭에 하얗게 서 있다

목이 아프도록 언니를 불러도
내 목소리는 산새처럼 메아리로 되돌아오고
무릉엔 무장 무장 눈만 내려 쌓인다
―「무릉계곡」 부분

"살아생이별은 생초목에 불붙는다"는 속담이 있다. 살아 서로 이별하는 것은 불이 잘 붙지 않는 생초목조차 "불붙을 만큼 애간장이 타는" 일이라는 뜻이다. 어찌 생이별만 애간장이 타겠는가. 다시는 보지 못하는 영별永別도 아프긴 마찬가지다. 일찍 찾아온 예기지 못한 죽음 앞에 남은자의 고통은 말로 다 할 수 없을 것이다. "공피증을 앓던 언니는 썩어가는 손발의 통증으로 혼절을 거듭하고/한 주먹의 진통제를 털어 넣으며/무릉에 기대어 하루하루 버텼었다/아들의 애타는 눈물 바람에도/무릉은 끝내 언니를 지켜주지 못하고"에서 볼 수 있듯이 무릉계곡은 병을 앓던 언니의 마지막 거처였기에 무릉이라는 장소는 시인에게 특별한 장소이다. 달려가서 언니의 부재를 확인하고 싶은, 아니 예전의 시간으로 돌아가고 싶은 "그리움과 통증이 함께" 어우러진 곳이다. 겨울이라는 풍경은 이제 시인과 공존하지 않는 풍경으로 바뀌었지만 여전히 무릉엔 눈이 내리고 그해의 겨울이 온다. 시인은 일상의 장면 중에서도 특정한 기억을 포착, 집중하여 그려낸다. 픽셀로 이루어진 일상들이 하나의 그림이 되어 형체를 드러내고 있다. 시편의 기저基底를 차지한 "무채색의 담백한 언어"는 "유기적인 이미지"로 관계를 형성하며 실체를 보여준다. 최명심 시인은 곳곳에 깔린 잔잔한 슬픔을 통해 미처 발견하지 못하거나, 무심히 잊고 살던 소중한 것들의 가치를 일깨워준다. 시인의 시혼詩魂은 대부분 자기체험의 살아있는 정신 표출이다. 순간순간 감동을 주는 기운은 겨울 아침의 맑고 서늘한 공기처럼 "가슴을 적시는" 힘이 있다. 섬세한 명주올 같은 슬픔은 기억 그 너머의 "따뜻한 에너지"로 이제 세상을 향해 걸어갈 수 있겠다.

국립중앙도서관 출판예정도서목록(CIP)

안개는 부레가 없다 : 최명심 시집 / 지은이: 최명심. -- 서울 : 다시올, 2018
p. ; cm. -- (다시올 시선 ; 028)

ISBN 978-89-94414-82-9 03810 : ₩10000

한국 현대시[韓國現代詩]

811.7-KDC6
895.715-DDC23 CIP2018036735

Choe Myeong Sim

다시올 시선 028

안개는 부레가 없다

초판인쇄 2018년 11월 15일
초판발행 2018년 11월 20일

출판등록 | 제310-2007-00028

지은이 | 최명심
발행인 | 김영은
펴낸곳 | 다시올

주 소 | 서울 노원구 광운로 32, 지층1호
전 화 | 031-836-5941
팩 스 | 031-855-5941
메 일 | maxim3515@naver.com

ISBN 978-89-94414-82-9 03810

정가 10,000원